LETTRE

AU ROI

ET AUX CHAMBRES LÉGISLATIVES.

LETTRE

AU ROI

ET

AUX CHAMBRES LÉGISLATIVES

SUR QUELQUES ARTICLES
DU CODE CIVIL.

MARSEILLE.

IMPRIMERIE SENÉS, RUE DE LA DARCE, 29.

1843.

LETTRE

AU ROI

ET AUX CHAMBRES LÉGISLATIVES.

Sire,

Tandis que le Code civil des Français a été donné aux hommes pour prévenir ou pour terminer promptement les procès, espèces de dissentions non moins préjudiciables aux familles que les dissentions politiques, qui quelquefois ne les atteignent pas ; alors que ce Code est regardé comme le trésor le plus précieux que les hommes aient pu donner et recevoir de la constance, du courage et des lumières nécessaires pour édifier ; alors aussi qu'on y recourt de toutes parts, comme on recourait depuis tant de siècles à ces lois romaines où nous nous honorons d'avoir abondamment puisé, mais que tout esprit impartial avouera que nous avons améliorées et perfectionnées, il semble bien que les seules observations que l'on puisse désormais présenter, ne doivent consister que dans l'indication des changemens faits aux lois précédentes; il semble bien que les seuls souhaits que l'on puisse former, sont que la loi actuelle soit bien entendue et qu'elle soit ponctuellement exécutée.

Cependant les articles 751, 753, 754 et 1094 du même Code, faisant concourir les collatéraux, avec les pères et les mères des enfans prédécédés sans testament et sans postérité, dans l'ordre des successions légitimes, sont conçus comme ci-après.

Art. 751. *Si les père et mère de la personne morte sans postérité lui ont survécu, ses frères, sœurs ou leurs représentans, ne sont appelés qu'à la moitié de la succession; si le père ou la mère seulement a survécu, ils sont appelés à recueillir les trois quarts.* — Ce qui est dire que les enfans ne doivent que la moitié et rien que la moitié, ou le quart et rien que le quart de leur bienfaisance à leurs père et mère vivant naturellement et civilement ; ce qui est mettre les pères et les mères, hors toutes les lois de la nature et de la société générale ; ce qui renverse de fond en comble la première de toutes les règles de morale et de toutes les lois d'État.

Art. 753. *A défaut de frères et de sœurs ou de descendans d'eux, et à défaut d'ascendans dans l'une ou l'autre ligne, la succession est déférée pour moitié aux ascendans survivans, et pour l'autre moitié aux parens les plus proches de l'autre ligne.* — C'est-à-dire que si le parent le plus proche de l'autre ligne n'est qu'un parent du douzième degré, la succession dont s'agit lui est déférée pour moitié; que si les pères et les mères, forts du sentiment de leur droit, détiennent ces trois quarts ou cette moitié entre leurs mains et refusent absolument de s'en désemparer, il sera rendu pour les collatéraux et contre les pères et les mères un jugement qui ordonnera à tout huissier et commandant de la force publique, de faire tous actes requis et nécessaires , pour l'exécution d'icelui ; bref , les pères et les mères seront contraints à l'exécution d'icelui, par toutes les voies de droit , même par la voie militaire ; et nous donnerons au monde africain, à la barbarie elle-même, la plus barbare de toutes les lois.

ART. 754. *Dans le cas de l'article précédent, le père ou la mère survivant, a l'usufruit du tiers des biens auxquels il ne succède pas en propriété.* — Ce qui est dire en quelque sorte que le père ou la mère survivant n'a droit qu'à des concessions gracieuses ; ce qui offre à nos sens, une antinomie, un dommage tel, que les alimens que les enfans doivent à leurs père et mère et autres ascendans qui sont dans le besoin, leur ont manqué peut-être et leur manquent encore.

ART. 1094. *L'époux pourra, soit par contrat de mariage soit pendant le mariage, pour le cas où il ne laisserait point d'enfans ni descendans , disposer en faveur de l'autre époux , en propriété, de tout ce dont il pourrait disposer en faveur d'un étranger , et en outre de l'usufruit de la totalité de la portion dont la loi prohibe la disposition au préjudice des héritiers.* — Ce qui anéantit non-seulement la réserve consacrée par l'article 915 , au profit des ascendans ayant seuls droit à cette réserve, dans tous les cas où un partage en concurrence avec des collatéraux , ne leur donnerait pas la quotité des biens à laquelle elle est fixée , mais encore le précédent usufruit du tiers des biens auxquels le père ou la mère survivant ne succède pas en propriété.

Ces articles ne sont-ils pas aux choses morales de notre temps, ce qu'étaient aux choses physiques de la création première ces végétaux, ces reptiles, ces quadrupèdes, ces êtres informes, immenses, gigantesques et monstrueux qui ont disparu de notre planète, et qui y ont vécu autrefois comme nous y vivons maintenant ?

Oui, Sire, de tels articles me semblent si vicieux, qu'une discussion là-dessus ne saurait être désavouée ni par les esprits les plus indulgens, ni par les esprits les plus désapprobateurs. Ils me semblent si opposés aux articles 371, 733 et 734 du même Code, et si contraires aux grandes bases de la félicité d'un peuple, que chacun a droit d'en demander à tous les pouvoirs de l'État, et principalement à vous qui en êtes le chef suprême, la révision et la réforme ; à moins que les pères et les mères ne soient pas ceux auxquels sont dus les sentimens les plus généreux, les affections les plus chères ; à moins que les pères et les mères ne soient pas les plus proches parens et héritiers tant de la ligne paternelle que de la ligne maternelle, ou qu'on veuille justifier les susdits articles, en alléguant qu'il fut un temps où dans le partage des biens, les pères n'ayant songé qu'à leur empire et ayant paru oublier leur paternité, il est équitable et juste que les enfans à leur tour oublient leur filiation.

A Dieu ne plaise qu'aucune loi civile ni politique porte jamais les enfans à raisonner de cette manière ni dans ce sens.

Il est vrai que lorsqu'une révolution eut placé les Capétiens sur le trône, les propriétaires des grands fiefs s'étant réunis pour secouer le joug de l'autorité royale , et bientôt, à leur exemple, tous les seigneurs voulant acquérir de nouvelles prérogatives, le droit d'aînesse fut établi afin de réunir dans une même main toute la puissance du père et des moyens assez forts pour soutenir ses prétentions. Il est vrai que l'orgueil féodal avait corrompu toutes les sources de la morale , avait étouffé tous les sentimens de la nature ; et que cet orgueil , se communiquant aux rôturiers qui n'étaient que trop souvent les serviles imitateurs des grands, avait brisé dans toutes les classes du peuple tous les liens des familles. Il est encore vrai qu'une multitude de victimes était alors sacrifiée, par la barbarie des lois féodales ou par l'orgueil paternel, à la décoration d'un premier né, et que les puînés étaient en quelque sorte le rebut de grandes familles.

Mais au moins les ordres religieux, les bénéfices , les couvens, les places de faveur les appelaient dans leur sein, de telle manière que l'un de ces maux servait en quelque sorte de remède à l'autre. Y avait-il des siéges pontificaux à remplir, le roi les donnait ; y avait-il des titres, des riches abbayes à conférer aux cadets , la cour les leur conférait ; et ces cadets voyageaient, les uns dans des chars somptueux, les autres, amis de Dieu et des hommes, allaient de paroisse en paroisse, portant les dons et les lumières du Saint-Esprit, évangélisant les fidèles, catéchisant les enfans , visitant les asiles publics de la vieillesse et de l'indigence, parcourant de leurs pieds meurtris et vénérables les

vallées profondes et les montagnes escarpées , pour répandre les au-
mônes de l'Église et les consolations de la foi, dans le sein des pauvres
habitans des champs et des bourgades ; et ces avantages recueillis par
la société venaient pourtant du gouvernement féodal ; inique gouvernement où, d'après les coutumes d'Anjou, de la Touraine et du Maine,
les filles dotées d'un simple chapeau de roses ne pouvaient rien demander de plus ; absurde gouvernement qui, faussant toutes les idées
de justice, induisit Montesquieu lui-même jusqu'à penser (liv. XXVI,
chap. VI , de l'*Esprit des Lois*) jusqu'à penser que « La loi natu-
« relle qui ordonne aux pères de nourrir leurs enfans, n'oblige pas les
« pères à faire leurs enfans héritiers. »

Après quoi , Jean-Jacques Rousseau vint nous dire que « Les en-
« fans ne restent liés à leur père, qu'aussi long-temps qu'ils ont besoin
« de lui pour se conserver ; qu'aussitôt que ce besoin cesse, le lien
« naturel se dissout ; que les enfans exempts de l'obéissance qu'ils
« devaient à leur père , que le père exempt des soins qu'il devait à ses
« enfans , rentrent tous également dans l'indépendance ; que s'ils
« continuent de rester unis, ce n'est plus *naturellement*, c'est *volon-
« tairement* ; et que la famile elle-même ne se maintient plus que par
« convention. »

Aussi l'Assemblée Constituante, faisant des lois pour unir les droits
aux devoirs, et pour ramener la justice universelle à son véritable
objet, regarda comme un de ses premiers devoirs de faire cesser tous
ces odieux priviléges, qui ne résultaient que de la primogéniture ou
de la différence des sexes ou de la féodalité des biens ou de la seule
volonté de la loi. Dès le 15 mars 1790 , elle prononça l'abolition de

toutes inégalités résultantes des lois féodales, et dès le 15 avril 1791, elle prononça l'abolition de toutes celles qui résultaient entre toutes sortes de personnes et pour toutes sortes de biens, soit de la différence des sexes, soit de la primogéniture, soit des exclusions coutumières ; et les descendans d'un même père, les parens de la même ligne, égaux en droit par la nature, devinrent égaux en droit par la loi.

Il fallait donc que l'homme, comme être intelligent et libre, viola sans cesse les lois que Dieu a établies et changea celles qu'il établit lui-même, pour que le droit le plus vénérable et le plus sacré, le plus naturel et le plus vital de toute organisation humaine, le plus commun et le premier de tous les droits, celui des pères et des mères vivant naturellement et civilement, fût un seul instant méconnu dans l'ordre des successions légitimes, pour qu'il fût troublé jusque dans l'essence de toute justice et de toute équité, pour qu'il fût mis presque en dehors de toutes les lois de la nature et de la société. Il fallait que l'homme, sujet à mille passions, eût, au moins un instant, perdu tout-à-fait sa place dans la nature, ses rapports dans la société, et qu'en cet instant il y eût encore perte totale d'expérience de génération à génération, instabilité, rétrogradation de lumière et continuité de cahos et d'enfance ; il fallait avoir oublié, au moins un instant, dans les motifs, rapports et discours qui furent écrits et prononcés au Corps Législatif, au nom de la section de législation, la vraie et juste valeur des parens en ligne collatérale, pour les avoir fait concourir avec les parens en ligne directe, dans l'ordre des successions légitimes.

Quels avantages peut-il y avoir en effet pour les familles, de transmettre la totalité des biens aux descendans en ligne directe, et de ne pas la transmettre aux ascendans de la même ligne? Quels avantages peut-il y avoir pour la société de partager les droits utiles des héritiers légitimes, entre les parens en ligne directe et les parens en ligne collatérale, jusqu'au douzième et dernier degré de successibilité? Quels effets cela peut-il produire, pour le présent et pour l'avenir?

Point d'autre que de désunir les familles, point d'autre que d'ajouter le scandale à la ruine de la société pervertie.

Et cependant les lois de la nature et de l'humanité n'ont-elles pas encore été assez mal vues, mal entendues et mal observées? n'y a-t-il pas assez de malheureux pères, n'y a-t-il pas assez de malheureuses mères, sans qu'une loi quelconque soit la première à les maltraiter davantage, au lieu de sécher leurs larmes, au lieu d'apaiser leurs douleurs? N'est-il pas à craindre qu'une loi qui donne aux collatéraux tantôt la moitié, tantôt les trois quarts des biens dont s'agit, finisse par pervertir non-seulement les collatéraux déjà si faciles à pervertir, mais encore les enfans eux-mêmes? N'est-il pas à craindre que les enfans eux-mêmes finissent par croire qu'ils ne doivent que la moitié et rien que la moitié, ou le quart et rien que le quart de leur bienfaisance à leurs père et mère vivant naturellement et civilement, puisque la loi elle-même juge à propos de ne leur transmettre pas davantage? N'est-il pas à craindre que ce fatal pervertissement de notre faible nature finisse par envahir la société toute entière, ensorte que l'un aille bientôt considérer les droits et les devoirs respectifs des pères et des

mères et des enfans , comme un de ces droits subordonnés à la pres-
cription de six mois , et que l'autre ne daigne pas même les prendre
en si grande considération ?

A vous législateurs , il appartenait sans doute de promulguer toutes
les lois qui intéressent l'état des choses et des personnes.

Et à nous parties intéressées , il appartient , sans contredit , de vous
demander la révision générale des cinq Codes , conformément à l'ordonnance royale du 16 juillet 1816 ; ordonnance qui va jusqu'à sup-
primer , dans ces différens Codes , les dénominations , expressions et
formules qui ne sont plus en harmonie avec les principes du gouvernement établi par la charte constitutionnelle , et porte qu'il sera fait
une nouvelle édition de ces Codes.

A nous pères et mères de cet État qui envoya ses enfans régner sur
presque tous les trônes de l'Europe et jusqu'au fond de l'Asie , il appartient d'examiner avec vous une loi de vie ou de mort pour la puissance paternelle.

A nous pères et mères de ce même État dont saint Grégoire-le-
Grand louait déjà la force et la puissance , il appartient sans contredit
d'examiner avec vous une loi de vie ou de mort pour la piété filiale.

La successibilité des collatéraux est , dites-vous , *autant que la nature, légitime.*

Dites plutôt , qu'à défaut de parens en ligne directe , soit ascendante, soit descendante, et à défaut de testament *authentique*, l'État,

sur la sagesse et sur la puissance duquel repose l'éminent domaine , est, et doit être le seul, le plus digne de tous les héritiers en ligne collatérale, l'héritier le plus naturel, l'héritier le plus légitime; héritier vraiment préférable aux frères et sœurs eux-mêmes, ainsi qu'à leurs représentans, toutes les fois qu'ils n'auront pas été préférés par le testament exprès et *authentique* du défunt. Dites plutôt, que cet acte testamentaire est le seul titre en vertu duquel les parens en ligne collatérale, peuvent être considérés comme dignes de se montrer dans l'ordre des successions légitimes.

Vous avez vu le prédécès des descendans comme *un cas extraordinaire* dans l'ordre de la nature; et cependant ce cas est si ordinaire, que de toutes parts l'impitoyable mort nous entraîne dans le tombeau, sans attendre que nos corps consumés par l'âge tombent d'eux-mêmes dans la poussière. Il est tel que quand la vie est un mal, la nature semble se plaire à nous la laisser; il est tel que quand la vie est un bien, la nature semble se plaire à nous l'arracher, à laisser survivre l'indigent au riche, le mortel le plus misérable au mortel le plus fortuné; et que l'on voit de toutes parts autant de pères et de mères courbés et décrépits , pleurant avec raison sur la tombe de leurs enfans, que des enfans pleurant avec plus de raison encore sur la tombe de leurs père et mère...

Après avoir interrogé les affections de la nature ; *sans doute* (dites-vous) *des pères et des mères doivent succéder de préférence à des collatéraux ; mais lorsque perdant un de leurs enfans il leur en reste d'autres encore, le partage de la succession entre les pères et les enfans, n'est-il pas dans l'ordre de la nature ?*

Et tout desuite vous répondez : — *Il était impossible de suivre l'ordes affections humaines d'une manière plus exacte.*

En vérité, législateurs, vous avez achevé nos cinq Codes sans aucun de ces vains prestiges qui ne consistèrent, dans l'antiquité tant vantée, qu'à graver des tables de pierre, acheter un oracle, dresser un oiseau pour lui parler à l'oreille, à feindre un secret commerce avec quelque divinité, ou à trouver d'autres moyens non moins grossiers d'en imposer à tout un peuple. Ceux qui ne surent que cela, purent assembler sans peine une multitude de gens insensés, mais ils ne fondèrent jamais un État, et leur extravagant ouvrage périt bientôt avec eux ; au lieu que votre grande ame fut le vrai miracle qui révéla votre mission.

Préoccupés de ces idées vastes, de ces conceptions heureuses qui président au bonheur des hommes et à la destinée des empires ; vous vous êtes consacrés sans réserve à la confection des lois et des mœurs nouvelles, en conservant, des lois et des mœurs anciennes, tout ce qui pouvait se concilier avec l'ordre présent des choses ; en resserrant les liens du mariage ; en posant de sages règles pour le gouvernement des familles ; en rétablissant la magistrature des pères ; en rappelant toutes les formes qui pouvaient garantir la soumission des enfans ; en laissant une latitude convenable à la bienfaisance des testateurs ; en développant tous les principes généraux des conventions, et ceux qui dérivent de la nature particulière de chaque contrat ; en indiquant

d'abord à la raison, ce petit nombre de principes clairs et féconds d'où
dérivent toutes les dispositions, comme par une pente naturelle ; en
laissant ensuite à la jurisprudence la recherche des cas secondaires ;
en substituant le droit régulier au droit historique, aux faits de la
conquête ; en découvrant à l'homme instruit, à l'homme d'État, les
plus solides fondemens de l'empire, dans l'unité de législation établie
par nos nouveaux Codes ; en faisant disparaître de ces nouveaux Codes
ce reste impur des lois féodales qui, dans les enfans d'un même père,
créaient quelquesfois, en dépit de lui, un riche et des pauvres, un pro-
tecteur hautain et de misérables subordonnés ; en faisant connaître
aux citoyens, des règles qui les intéressent tous individuellement,
puisque tous sont appelés, comme père et mère, enfans ou collatéraux, à recueillir et à transmettre des successions ; en balançant
pendant long-temps tous les motifs *pour et contre* une réserve légale,
au profit des frères et des sœurs, et en décidant, à la fin du compte,
que toutes les fois que celui qui meurt ne laissera ni ascendans ni
descendans, les libéralités par actes entre vifs pourront épuiser la
totalité des biens, sans nulle réserve au profit des collatéraux *quels
qu'ils soient.*

Sur toutes ces choses destinées à faire passer le torrent des siècles et
des catastrophes du monde, vous avez pris pour votre guide *le droit
naturel*, qui est le premier de tous les droits, le lien des sociétés
éparses dans tous les empires, la raison de l'existence de l'univers,
l'éternel et profond système du Dieu en qui seul il n'y a aucune succession, parce que lui seul dispose en souverain maître de toutes
les propriétés de l'esprit et de la matière. Ensuite, les meilleures

lois et les meilleures mœurs ont été l'objet de toutes vos sollicitudes : et là où la nature elle-même *a cessé d'être*, vous l'avez imitée par des fictions sublimes, dans l'intérêt que les enfans mineurs vous ont inspiré.

Or si, cette fois, les pères et les mères vivant eux-mêmes *naturellement et civilement*, sont faits pour succéder comme ils succèdent, à l'exclusion de tous autres, aux choses par eux données à leurs enfans ou descendans décédés sans postérité, lorsque les objets donnés se retrouvent en nature dans la succession ; s'ils sont faits pour recueillir le prix qui peut être dû, lorsque les objets ont été aliénés ; s'ils sont faits pour succéder aussi à l'action en reprise que pouvait avoir le donataire ; s'ils sont faits pour être infiniment aimés, honorés, respectés; et s'ils ne sont pas faits pour succéder également et de plein droit à tous les biens de leurs enfans prédécédés sans testament et sans postérité, de préférence et à l'exclusion même des enfans mineurs ; s'il fut possible de mesurer l'étendue des cieux, de calculer la masse des astres, de saisir l'éclair dans les nuages, de dompter la mer et les orages, d'asservir tous les élémens à des rapports fixes et précis ; et s'il est impossible de suivre l'ordre des affections humaines d'une manière plus exacte que ci-dessus ; craignez que cette loi seule, injurieuse à Dieu et aux hommes, finisse par pervertir le peuple même, dont votre ouvrage devait améliorer et perfectionner les lois et les mœurs qui sont les pierres les plus solides de l'édifice social, qui prennent tous les jours de nouvelles forces, qui, lorsque les autres lois s'éteignent ou tombent en désuétude, les raniment et les suppléent, conservent les États et les peuples dans le pur esprit de leur constitution, et substituent insensiblement la force de l'habitude à celle de l'autorité.

Déjà, législateurs, déjà quarante ans se sont écoulés depuis qu'il fut impossible de suivre l'ordre des affections humaines d'une manière plus exacte que ci-dessus; et depuis lors combien de pères et de mères ont eu à souffrir, combien de pères et de mères souffrent et souffriront encore d'un ordre de choses si vicieux, qu'il renverse de fond en comble la première de toutes les règles de morale et de toutes les lois d'État.

Heureusement le cœur de l'homme, qui ne met pas même en parallèle les descendans des oncles et des grands-oncles avec les descendans des frères et des sœurs, ne confondra jamais ses frères et sœurs, ni moins encore ses parens du degré le plus éloigné, tels que ceux du douzième et dernier degré de successibilité, avec ses père et mère vivant naturellement et civilement.

Non, ni l'esprit ni le cœur de l'homme ne confondront jamais les plus proches collatéraux avec les pères et les mères, alors même qu'ils ne vivraient que *naturellement*. La loi civile ne peut donc pas les confondre, là où d'une part les parens en ligne collatérale ne sont rien du tout, là où d'autre part les parens en ligne directe, soit ascendante soit descendante, sont d'un poids immense dans la balance de la justice: bien entendu que l'intérêt des ascendans l'emporte encore de beaucoup sur l'intérêt des descendans et surtout des collatéraux.

Jetez en effet un simple coup-d'œil sur ces temps anciens que l'on appelle *temps classiques*. Voyez d'abord le premier crime commis en ce monde, de la part d'un frère sur la personne de son frère , et reconnaissez à ce trait, tous les autres traits dont les collatéraux sont capables.

Ou bien, si vous voulez voir ces gens-là sous des traits moins durs, sous des couleurs moins noires, jetez encore un simple coup-d'œil sur l'apologue XXII, liv. IV, *De l'Alouette et ses Petits avec le Maître d'un champ*.

Reconnaissez à ces couleurs inimitables, à l'enjouement de ces traits, la vraie et juste valeur des parens en ligne collatérale; et ne permettez pas, hommes et citoyens, vous tous qui prenez une part quelconque à l'exercice de la puissance publique, ne permettez pas qu'aucune de vos lois vienne maltraiter vos pères et mères. Quel mal vous font-ils ? quel mal vous ont-ils fait? ne vous ont-ils pas donné la vie et les biens dont vous jouissez à cette heure ? et, le cas échéant, faut-il leur ôter ces biens par rapport à des héritiers institués en ligne collatérale ? Que sont donc tous ces héritiers venant à l'ordre des successions légitimes sous les noms fameux de frères et de sœurs, etc., etc., etc. ?

Ils sont en général si mauvais, que dans tous les temps et dans tous les lieux, les parens en ligne directe ont occupé le premier rang dans l'esprit des législateurs et dans l'ordre des successions légitimes.

On est même choqué de la toute-puissance du père de famille , sur la personne et sur les biens de ses enfans , chez les premiers romains ; on est choqué de cette puissance qui durait pendant toute la vie du père de famille, et dont aucune dignité ne pouvait affranchir ; on est choqué de cette législation qui peint avec une rare fidélité le législateur qui l'a créée, et les féroces compagnons de ses brigandages, et la barbarie du siècle et des lieux auxquels elle a pu convenir.

Mais en même temps que Romulus marquait ainsi cette législation d'une ineffaçable empreinte, il lui conférait ce principe de vie, ce caractère de durée, on dirait presque d'éternité, que cet homme extraordinaire imprima à toutes ses institutions.

A Rome, il entrait en effet dans le système de gouvernement d'un peuple guerrier, que les chefs de famille eussent une autorité absolue sur la personne et sur les biens de leurs enfans, sans craindre que la nature en fût offensée. Lorsque la civilisation se perfectionna et qu'on voulut modifier les mœurs antiques, il aurait été impossible de les régler comme si c'eût été une institution nouvelle. Non-seulement chaque père de famille entendait jouir sans restriction de son droit de propriété, mais encore il avait été constitué le législateur de sa famille : mettre des bornes au droit de propriété, c'eût été dégrader cette magistrature suprême.

Aussi pendant plus de douze siècles, la légitime des enfans, quel que fût leur nombre, ne fut-elle pas portée au-delà du quart des biens. Ce ne fut qu'au déclin de ce grand empire que les enfans obtinrent à ce titre le tiers des biens, s'ils étaient au nombre de quatre ou au-dessus, ce qui était le cas le plus ordinaire, et la moitié s'ils étaient encore plus nombreux.

Cette division avait l'inconvénient de donner des résultats incohérens : s'il y avait quatre enfans, la légitime était du douzième pour chacun, tandis que s'il y en avait cinq, chaque part légitimaire était du dixième. Ainsi la part qui doit être plus grande quand il y a moins d'enfans, se trouvait plus petite. Ce renversement de l'ordre naturel n'était justifié par aucun motif; mais au moins il justifie la véritable idée que les Romains avaient de la puissance paternelle ; au moins il justifie le droit des pères et des mères vivant naturellement et civilement contre la successibilité des collatéraux, et la prééminence du père dans sa famille ; au moins cette prééminence excessive était fondée sur les institutions politiques des premiers romains.

Et comme nous *devons ignorer* qu'aucun père de famille ait jamais abusé de sa toute-puissance ; comme le concours actuel des collatéraux avec les pères et les mères des enfans prédécédés sans testament et sans postérité, dans l'ordre des successions légitimes, n'est en France pas mieux fondé sur le principe de la division des biens, que sur toute autre institution politique, nous osons dire que si la législation des premiers romains donnait trop d'étendue à la puissance paternelle, la législation française au contraire ne lui en donne pas assez, elle qui fait concourir la ligne collatérale avec la ligne directe, au partage des biens dont s'agit.

On n'a cependant jamais admis, ni à Rome, ni en France dans les pays de droit écrit, de légitime en faveur des frères. Le frère ne pouvait se plaindre de la disposition dans laquelle il avait été oublié, que dans un seul cas, celui où une personne mal famée *(turpis personna)* avait été instituée héritière. La réclamation que le frère pouvait alors faire d'une portion des biens, n'était, sous le nom de *légitime*, qu'une vengeance due à la famille qui avait éprouvé du testateur une si grande injure. Or, en pareil cas, nulle réclamation, nulle réserve ne sont aujourd'hui établies en faveur des frères.

Le législateur ayant disgracié les frères eux-mêmes, les ayant exclus, par exemple, de toute réserve, au titre *des donations entre vifs et des testamens* , je dis que non-seulement les collatéraux du douzième et dernier degré de successibilité, mais encore les frères eux-mêmes ne peuvent ni ne doivent avoir, au titre *des successions*, ce qui leur a été si complètement dénié au titre *des donations entre vifs et des testamens;* que c'est en effet bien assez pour les susdits collatéraux de succéder à défaut de parens en ligne directe, et jamais ni au grand jamais au préjudice des pères et des mères.

Il est vrai que chez les premiers romains, les mères n'avaient aucune part à la succession de leurs enfans, et que le père succédait seul. Il est non moins vrai que les femmes ne succédaient que lorsque cela s'accordait avec la loi de la division des terres, et qu'elles ne succédaient point lorsque cela pouvait la choquer. Telles étaient les lois des successions chez les premiers romains. Or, comme elles n'étaient qu'une dépendance de la constitution politique, elles n'eurent point une origine étrangère, et ne furent point du nombre de celles que rapportèrent les députés que l'on envoya dans les villes grecques trois cents ans après la fondation de Rome, pour en rapporter le recueil des lois que les romains d'alors adoptèrent.

Mais lorsqu'après la république, la monarchie s'établit à Rome, tout le système fut changé sur les successions : les préteurs appelèrent les parens par femmes à défaut de parens par mâles; au lieu que par les

anciennes lois les parens par femmes n'étaient jamais appelés ; le sénatus-consulte *orphitien* appela les enfans à la succession de leur mère ;
et les empereurs *Valentinien, Théodose et Arcadius* appelèrent les petits-
enfans par la fille à la succession du grand-père. Enfin l'empereur
Justinien ôta jusqu'au moindre vestige du droit ancien sur les successions ; il établit trois sortes d'héritiers : les descendans, les ascendans
et les collatéraux, sans aucune distinction entre les mâles et les femelles, entre les parens par mâles et les parens par femmes ; il abrogea
toutes celles qui restaient à cet égard, et suivit la nature même en s'écartant loin des embarras de l'ancienne jurisprudence. Par la novelle
118 il effaça toutes les distinctions odieuses, restitua à tous les enfans
des droits égaux, rappela tous les parens du côté paternel et du côté
maternel à la succession légitime, suivant le degré de parenté de
chacun d'eux, et cette novelle, qui forme le dernier état de la législation romaine, était constamment suivie en France dans les pays de
droit écrit.

Il est encore vrai que dans les pays de droit écrit, les frères germains
concouraient avec leurs père et mère et partageaient également la succession dont s'agit.

En même temps l'article 311 de la coutume de Paris faisait succéder les père et mère des enfans morts sans descendans, aux meubles
acquêts et conquêts immeubles, et à défaut des père et mère, l'aïeul,
l'aïeule ou autres ascendans ; et l'article 315 leur donnait en pareil cas
la pleine propriété d'héritages ou autres immeubles acquis par l'enfant prédécédé, qui les avait laissés à son enfant décédé ensuite sans
enfans ni descendans de lui, et sans frères et sœurs ; et ce à l'exclusion

de tous autres collatéraux. L'article 12 de la loi du 17 nivôse an II,
au contraire, faisait exclure, dans tous les cas, les ascendans par les
héritiers collatéraux qui descendaient d'eux (comme les frères et les
sœurs du défunt ou leurs descendans), ou d'autres ascendans au même
degré, par ce motif aussi étrange que vicieux, savoir, que les ascendans ne devaient pas s'attendre au prédécès de leurs descendans.

Mais « C'était (dit à cet égard le citoyen Siméon) c'était un
« étrange motif de la loi du 17 nivôse an II, de dire que les pères n'a-
« vaient pas dû prévoir qu'ils survivraient à leurs enfans. De ce qu'ils
« n'auraient pas dû s'attendre à ce malheur, cependant trop commun,
« en sont-ils coupables? et sur une succession dont ils n'ont certai-
« nement pas désiré, dont ils n'ont pas dû prévoir, si l'on veut, l'ou-
« verture, devront-ils perdre les droits que la nature leur accorde,
« ce que dans leur vieillesse ou dans leurs besoins ils auraient reçu
« de leur enfant, s'il eût vécu? Avec raison le Code se met à la place
« de cet enfant, et remplit pour lui un devoir qu'il ne peut plus ac-
« quitter. D'ailleurs la portion que la loi accorde aux pères et mères
« en concours avec les frères et sœurs du défunt, qui sont leurs héri-
« tiers naturels, ne leur reviendra-t-elle pas ? »

On est donc forcé de regarder comme un hors-d'œuvre, toute disposition particulière de la loi qui ne peut se concilier avec ses dispositions générales ; comme par exemple les articles 751, 753, 754, qui
ne peuvent se concilier avec les articles 371, 733 et 734 ; comme

l'article 1094 qui ne peut se concilier avec l'article 915 de notre Code.

Cependant ces dispositions générales n'empêchent pas que le législateur dise que le père durant le mariage, et après la dissolution du mariage, le survivant des père et mère, n'auront la jouissance des biens de leurs enfans que jusqu'à l'âge de dix-huit ans accomplis, ou jusqu'à l'émancipation qui pourrait avoir lieu avant l'âge de dix-huit ans ; que les charges de cette jouissance seront 1° celles auxquelles sont tenus tous les usufruitiers ; 2° la nourriture, l'entretien et l'éducation des enfans selon leur fortune ; 3° le paiement des arrérages et intérêts des capitaux ; 4° les frais funéraires et ceux de dernière maladie ; 5° que cette jouissance n'aura pas lieu au profit de celui des père et mère contre lequel le divorce aurait été prononcé ; qu'elle cessera à l'égard de la mère, dans le cas d'un second mariage, et qu'elle ne s'étendra pas aux biens que les enfans pourront acquérir par un travail ou une industrie séparés, ni à ceux qui leur seront donnés ou légués sous la condition expresse que les père et mère n'en jouiront pas.

Le législateur exige qu'à l'époque où l'enfant aura accompli sa dix-huitième année, les père et mère cessent de conserver la jouissance des biens de leurs enfans, parce qu'autrement on aurait à craindre que pour se conserver cet avantage dans toute son étendue, ils ne se refusassent à une émancipation ou à un mariage, d'où pourraient dépendre le bonheur et la fortune de leurs enfans.

En prononçant que la mère a les mêmes droits qu'il accorde au père, le législateur établit un droit égal, une égale indemnité, là où la nature avait établi une égalité de peines, de soins et d'affection ; il répare par cette équitable disposition l'injustice de plusieurs siècles, il fait, pour ainsi dire, rentrer pour la première fois la mère dans la famille et la rétablit dans les droits imprescriptibles qu'elle tenait de la nature, droits sacrés trop négligés par les législations anciennes, reconnus, accueillis par quelques-unes de nos coutumes, et notamment par celle de Paris, mais qui, effacés de nos Codes, se sont conservés écrits dans le cœur de tous les enfans bien nés.

Mais en même temps que fidèle interprète des lois de la nature, le moderne législateur rend le nom de mère à toute sa dignité, en même temps, gardien austère des bonnes mœurs, il refuse à celui des père et mère contre lequel le divorce aurait été prononcé, la jouissance accordée par l'article 384 du Code civil. Celui contre lequel le divorce a été prononcé, a, par un délit grave, brisé les nœuds les plus sacrés de la société ; pour lui il n'y a plus de famille. Enfin, une dernière disposition prononce que cette jouissance cessera à l'égard de la mère dans le cas d'un second mariage. Quelques motifs s'élevaient en faveur des mères qui ne se mariaient que pour conserver à leurs enfans l'établissement formé par leur père ; mais l'inconvenance qu'il y aurait eue d'établir en principe que la mère peut porter dans une autre famille les revenus des enfans du premier lit, et enrichir ainsi son nouvel époux à leur préjudice, a fait rejeter ces motifs loin de ce Code dont la confection est venue résoudre et simplifier toutes les questions que les lois étrangères et françaises, les coutumes générales ou locales, les statuts, les réglemens contradictoires et les décisions opposées rendaient insolubles.

D'où il suit que si nul délit, nul divorce, nul cas de second mariage ne peuvent être imputés aux pères et mères, il faut ou effacer les ar-

(27)

ticles 371, 733 et 734 de notre Code, ou les appeler à l'ordre des
successions légitimes, conformément à ces articles et non autrement.

Car quoique l'article 371 ne contienne pas de disposition législative,
et que sous ce rapport, dans la discussion au Conseil d'État, il ait été
proposé de le rejeter, on a observé avec raison, que les auteurs du
projet ont cru nécessaire de placer en tête du titre *de la puissance paternelle*, les devoirs que la qualité de fils lui impose, de même que dans
le titre *du mariage*, on a inséré une disposition qui retrace les devoirs
des époux. On a de plus observé que cet article, contenant d'ailleurs
les principes dont les autres ne font que développer les conséquences,
doit devenir un point d'appui pour les juges en beaucoup d'occasions,
telles, par exemple, que des contestations d'intérêt entre des parens
et leurs enfans; contestations où ceux-ci dans leurs moyens d'attaque
ou de défense, passant les bornes que le respect doit leur prescrire, se
mettent dans le cas d'y être ramenés par des admonitions ou des actes
d'animadversion plus ou moins sévères, selon la nature de leur offense.

A propos des mêmes droits que le moderne législateur accorde au
père et à la mère,

Considérant que les articles 371, 733 et 734 de notre Code sont
conçus de telle manière, qu'on est forcé de convenir que l'enfant à tout
âge doit honneur et respect, en un mot doit *tout* à ses père et mère
et à chacun d'eux en particulier, de préférence et à l'exclusion de
tous autres, et même au péril de sa vie;

Considérant qu'il est inutile, pour ne rien dire de plus, de donner aux collatéraux tantôt la moitié tantôt les trois quarts des biens dont s'agit, ni sous prétexte de proximité des degrés, ni sous prétexte d'affections présumées, ni sous prétexte de représentation, parce que les pères et les mères vivant naturellement et civilement, sont eux-mêmes les plus proches parens et héritiers tant de la ligne paternelle que de la ligne maternelle; parce que chacun d'eux est infiniment préférable à tous les autres parens et archiparens en ligne collatérale, parce qu'ils se représentent assez bien eux-mêmes, sans avoir besoin d'être représentés par personne, parce qu'ils seraient extrêmement mal représentés par des images d'affection mal-à-propos présumées; parce qu'il serait aussi contraire à la jurisprudence qu'à la géométrie, de dire que la ligne collatérale puisse jamais représenter la ligne directe, et parce qu'enfin les lois inutiles affaiblissent les lois nécessaires, comme celles qu'on peut éluder affaiblissent la législation;

Considérant que la ligne collatérale est si mal faite pour représenter la ligne directe, que toutes les voix se sont réunies pour que les collatéraux, en général, ne fussent point un obstacle à l'entière liberté de disposer, contrairement aux usages reçus pendant des siècles dans une grande partie de la France;

Considérant que toutes les voix s'étant réunies contre une réserve légale, non-seulement au profit des collatéraux les plus éloignés, mais que s'étant encore réunies contre une réserve légale même au profit des frères et des sœurs, le Corps Législatif a fait, par cela seul, un des plus grands actes de la sagesse et de la puissance législative;

Considérant que les susdits collatéraux, déjà exclus par les articles

725, 726 et 727 de notre Code, n'ont pas plus droit à succéder comme ci-dessus que ce qu'ils ont droit à une réserve légale ;

Considérant qu'il est aussi extraordinaire de recevoir un bienfait désintéressé de la part des collatéraux, que ce qu'il est ordinaire de recevoir de pareils bienfaits de la part des pères et des mères ;

Considérant que la loi civile qui s'écarte le moins de la loi naturelle, par cela même qu'elle est susceptible de se plier aux différentes formes de gouvernement, est aussi celle qui peut le mieux fixer le droit de propriété, et le préserver d'être ébranlé par les révolutions ;

Considérant que dans le calme de toutes les passions et de tous les intérêts, on vit naître un projet complet de Code civil ; projet complet moins seulement le droit des pères et des mères de succéder à leurs enfans, comme les enfans succèdent à leurs père et mère, aïeuls, aïeules, ou autres ascendans, sans distinction de sexe ni de primogéniture, et encore qu'ils soient issus de différens mariages, comme ils succèdent par égales portions et par tête quand ils sont tous au premier degré et appelés de leur chef, comme ils succèdent par souche quand ils viennent tous ou en partie par représentation ;

Considérant que l'enfant déjà redevable à ses père et mère de lui avoir donné l'existence, ne l'est pas moins des soins que ceux-ci lui ont prodigués depuis son apparition dans le monde, jusqu'à ce moment où le législateur a pensé qu'il pouvait se conduire et se régir seul et sans le secours de ses auteurs ; que de là résulte un sentiment irrésistible de reconnaissance, qui à lui seul engendrerait, si la loi n'en avait autrement disposé, l'attribution entière et absolue aux père et mère d'un enfant que la mort leur enlève sans postérité, des biens qu'il délaisse, au lieu d'en former le patrimoine de collatéraux qui ne rendirent jamais aucun service et ne connurent pas même celui dont ils sont appelés à recueillir l'héritage ;

Considérant que plus l'homme est devenu libre possesseur de ses biens, libre dans la disposition qu'il peut en faire, libre dans toute sa conduite et dans les soins qu'il donne à ses propres enfans, moins il est libre de se soustraire à la bienfaisante autorité qui ne se fait plus maintenant sentir que par des conseils, des vœux, des bénédictions ; que la nature lui présente alors les auteurs de ses jours, sous l'aspect d'une divinité domestique et tutélaire ; que ce n'est plus un devoir dont il s'acquitte envers eux, que c'est un culte qu'il leur rend toute la vie ; que le sentiment qui l'attache à eux ne peut plus être exprimé par les mots de respect, de reconnaissance ou d'amour ; que ce sont désormais toutes les vertus élevées à leur plus haut terme, placées dans leur plus beau jour ; que telles sont les vérités que la nature a gravées dans nos cœurs ; que tel est son Code, sur la puissance paternelle et sur la piété filiale ;

Considérant enfin, qu'il ne manque rien, absolument rien aux pères et mères, vivant naturellement et civilement, pour succéder également et de plein droit à tous les biens de leurs enfans prédécédés sans testament et sans postérité, de préférence et à l'exclusion même des enfans mineurs, je dis qu'il est de toute justice et de toute équité, de les appeler à cette succession par tous les droits qui gouvernent les hommes :

Par le droit naturel, qui est le premier de tous les droits ;

Par le droit divin, qui est celui de la religion ;

Par le droit des gens, qu'on peut considérer comme le droit civil de l'univers, dans le sens que chaque peuple en est un citoyen ;

Par le droit politique général, qui a pour objet cette sagesse humaine qui a fondé toutes les sociétés ;

Par le droit politique particulier, qui concerne chaque société ;

Par le droit civil de chaque société, par lequel un citoyen peut défendre ses biens et sa vie contre tout autre citoyen ;

Enfin par le droit domestique, qui vient de ce qu'une société se divise en diverses familles qui ont besoin d'un gouvernement particulier.

Il en serait tout autrement, s'il ne s'agissait que de transmettre et de succéder suivant les principes du droit politique.

Entièrement subordonnés à la longueur du temps, à la force de l'expérience , à l'exemple des grandes nations ; n'intéressant que de certaines personnes , ne s'exerçant qu'à des distances plus ou moins éloignées, les droits politiques ne touchent pas de si près au bonheur de tous que les droits civils, qui se font sentir tous les jours et à tous les instans.

Ils ne touchent pas de si près au bonheur de tous que les droits civils, parce que la justice approuve, dit-on, tout ce que la politique conseille, tout ce que le besoin des temps et des circonstances peut exiger ; aussi fut-il réglé dans quelques dynasties de la Chine, que les frères de l'Empereur lui succèderaient, et que ses enfans ne lui succèderaient pas. Si l'on voulait que le prince eût une certaine expérience, si l'on craignait les minorités, s'il fallait prévenir que des eunuques ne plaçassent successivement des enfans sur le trône, on put très bien établir un pareil ordre de succession ; et quand quelques écrivains ont traité ces frères d'usurpateurs, ils n'ont vraiment jugé que sur des idées prises des lois de ces pays-ci.

Selon la coutume de Numide, *Delsace* frère de *Géla*, succéda au royaume, non pas *Massinisse* son fils.

Chez un peuple d'Arabie, le jour que le roi montait sur le trône, on donnait des gardes à toutes les femmes grosses du pays, et l'enfant qui venait le premier au monde était le prince héritier.

Dans les pays où la polygamie est établie, le prince a beaucoup d'enfans ; le nombre en est plus grand dans des pays que dans d'autres. Il y a aussi des états où l'entretien des enfans du roi serait impossible au peuple ; on a pu y établir que les enfans du roi ne lui succèderaient pas, mais ceux de sa sœur.

Un nombre prodigieux d'enfans exposerait l'État à d'affreuses guerres civiles ; l'ordre de succession qui donne la couronne aux enfans de la sœur, dont le nombre n'est pas plus grand que ne serait celui des enfans d'un prince qui n'aurait qu'une seule femme, prévient ces inconvéniens.

Il y a des nations chez lesquelles des raisons d'état ou quelque maxime de religion ont demandé qu'une certaine famille fût toujours régnante ; telle est aux Indes la jalousie de sa caste et la crainte de n'en point descendre ; on y a pensé que pour avoir toujours des princes du sang royal, il fallait prendre les enfans de la sœur aînée du roi.

Ainsi la royauté peut être élective ou héréditaire ; elle peut être déférée aux parens en ligne collatérale, à l'exclusion des parens en ligne directe ; elle peut être déférée aux mâles à l'exclusion des femmes ; elle peut être déférée aux femmes à défaut de mâles ; elle peut être déférée au premier enfant qui vient en ce monde. Il en est à peu près de même des dignités secondaires : le chef de l'État peut faire succéder qui bon lui semble à ces dignités, sans que la nature en soit offensée et sans que personne ait droit de se plaindre d'un ordre de choses qui n'intéresse que de certaines personnes, qui ne s'exerce qu'à des distances plus ou moins éloignées, et qui ne touche pas de si près au bonheur de tous, qu'un ordre de choses tel que le droit de transmettre et de succéder suivant les principes du droit naturel et du droit civil, ordre de choses qui se fait sentir tous les jours et à tous les instans.

EN RÉSUMÉ : les temps modernes se glorifient, à juste titre, d'un
législateur qui nous fit connaître les lois de la nature dans le rapport
qu'elles ont avec le vrai Dieu, avec le monde matériel, avec l'homme,
avec les intelligences supérieures à l'homme; ils se glorifient, à juste
titre, d'un législateur qui nous fit d'abord avouer des rapports d'é-
quité antérieurs à la loi positive qui les établit ; comme, par exemple,
que supposé qu'il y eût des sociétés d'hommes, il serait juste de se
conformer à leurs lois; que s'il y avait des êtres intelligens qui eussent reçu quelque bienfait d'un autre être, ils devraient en avoir de
la reconnaissance ; que si un être intelligent avait créé un être intelligent, le créé devrait rester dans la dépendance qu'il a eue dès son
origine, et qui ensuite nous apprit que la sublimité de la raison
humaine consiste à savoir bien à quoi se rapportent principalement
les choses sur lesquelles on doit statuer, et à ne point mettre de con-
fusion dans les principes qui doivent gouverner les hommes. Les
temps modernes se glorifient, à juste titre, d'un législateur tel que
Montesquieu ; et d'un philosophe plus éloquent encore que Platon;
d'un homme qui mit l'éloquence en tout et partout; d'un homme qui
fait penser tout ce qu'il pense, qui fait vouloir tout ce qu'il veut; d'un
homme tel que Jean-Jacques Rousseau. Mais il a beau dire ; il a beau
donner à toutes ses œuvres cette propagation oratoire, cet ascendant
magique, cette miraculeuse et soudaine influence de la pensée, de
l'expression, du nombre et de l'harmonie; ces allocutions rapides ,

ardentes, simultanées, qui sont le don le plus précieux de la nature
et le plus rare secret de l'art qui consiste à poser les faits, à les
réunir, à les prouver, à interroger l'histoire, à prendre conseil de la
législation, des droits et des devoirs des gouvernemens et des peuples,
à invoquer de temps en temps les secours de la logique et les lumières
de la plus simple raison ;

Comme il n'est pas vrai que les enfans ne restent liés à leur père,
qu'aussi long-temps qu'ils ont besoin de lui pour se conserver ; ni
qu'aussitôt que ce besoin cesse, le lien naturel se dissout ;

Comme il n'est pas vrai que les enfans exempts de l'obéissance
qu'ils devaient à leur père, ni que le père exempt des soins qu'il devait
à ses enfans, rentrent tous également dans l'indépendance ;

Comme il n'est pas vrai que la loi naturelle qui ordonne aux pères
de nourrir leurs enfans, n'oblige pas les pères à faire leurs enfans
héritiers ;

Comme nulle raison d'état, nulle maxime de religion n'ont jamais
demandé et ne demanderont jamais que les collatéraux soient appelés
à succéder comme ils succèdent parmi nous ; je dis que les pères et les
mères vivant naturellement et civilement, ne peuvent pas mieux être
déshérités des biens de leurs enfans prédécédés sans testament et
sans postérité, que ce que les enfans eux-mêmes peuvent être déshérités des biens de leurs père et mère. Et quoique je n'aime ni attaquer
ni contrarier personne, quoique sujet à l'ignorance et à l'erreur comme
toutes les intelligences finies, je dis et je soutiens que la liberté de
l'homme va bien souvent jusqu'à déshériter ses plus proches collatéraux, jusqu'à punir leurs iniquités par tous les moyens légaux ,

quelquefois même jusqu'à disgracier ses propres enfans ; mais jamais ni au grand jamais jusqu'à disgracier aucun de ses PÈRE ET MÈRE, en les traitant plus mal encore que les enfans même furent traités sous l'empire du droit d'aînesse et sous le règne des plus odieux privilèges dont l'Assemblée Constituante ait prononcé l'abolition.

J'ajoute que si le législateur, se trompant dans son objet, prend un principe différent de celui qui naît de la nature des choses, ensorte que l'un tende à resserrer toujours davantage les liens des familles, et que l'autre, au contraire, éloigne toujours davantage les membres de la famille ; de cette tendance, on verra les lois et les mœurs se flétrir, la constitution s'altérer, les divers systèmes de gouvernement ne se succéder que pour se méprendre, et l'État lui-même agité jusqu'à ce qu'il soit détruit ou changé, ou que l'invincible nature ait regagné tout son empire.

Je suis avec le plus profond respect,

SIRE,

DE VOTRE MAJESTÉ,

Le très humble et très obéissant serviteur,

VASSAL, Avocat.

www.ingramcontent.com/pod-product-compliance
Ingram Content Group UK Ltd.
Pitfield, Milton Keynes, MK11 3LW, UK
UKHW031734170726
13836UKWH00002B/648